BEI GRIN MACHT SICH IHR WISSEN BEZAHLT

AF144433

- Wir veröffentlichen Ihre Hausarbeit,
  Bachelor- und Masterarbeit

- Ihr eigenes eBook und Buch -
  weltweit in allen wichtigen Shops

- Verdienen Sie an jedem Verkauf

Jetzt bei www.GRIN.com hochladen
und kostenlos publizieren

Manuel Berg

Muster für einen Forschungsantrag

Eine Untersuchung möglicher Relationen zwischen dem Drogenkonsum Jugendlicher und der Abbrecherquote in der Ausbildungsphase

GRIN Verlag

Bibliografische Information der Deutschen Nationalbibliothek:

Die Deutsche Bibliothek verzeichnet diese Publikation in der Deutschen National-
bibliografie; detaillierte bibliografische Daten sind im Internet über http://dnb.d-
nb.de/ abrufbar.

Dieses Werk sowie alle darin enthaltenen einzelnen Beiträge und Abbildungen
sind urheberrechtlich geschützt. Jede Verwertung, die nicht ausdrücklich vom
Urheberrechtsschutz zugelassen ist, bedarf der vorherigen Zustimmung des Verla-
ges. Das gilt insbesondere für Vervielfältigungen, Bearbeitungen, Übersetzungen,
Mikroverfilmungen, Auswertungen durch Datenbanken und für die Einspeicherung
und Verarbeitung in elektronische Systeme. Alle Rechte, auch die des auszugsweisen
Nachdrucks, der fotomechanischen Wiedergabe (einschließlich Mikrokopie) sowie
der Auswertung durch Datenbanken oder ähnliche Einrichtungen, vorbehalten.

Impressum:

Copyright © 2014 GRIN Verlag, Open Publishing GmbH
Druck und Bindung: Books on Demand GmbH, Norderstedt Germany
ISBN: 978-3-656-97677-6

Dieses Buch bei GRIN:

http://www.grin.com/de/e-book/301301/muster-fuer-einen-forschungsantrag

GRIN - Your knowledge has value

Der GRIN Verlag publiziert seit 1998 wissenschaftliche Arbeiten von Studenten, Hochschullehrern und anderen Akademikern als eBook und gedrucktes Buch. Die Verlagswebsite www.grin.com ist die ideale Plattform zur Veröffentlichung von Hausarbeiten, Abschlussarbeiten, wissenschaftlichen Aufsätzen, Dissertationen und Fachbüchern.

Besuchen Sie uns im Internet:

http://www.grin.com/

http://www.facebook.com/grincom

http://www.twitter.com/grin_com

Beschreibung des Vorhabens – Projektanträge

Eine Untersuchung möglicher Relationen zwischen dem Drogenkonsum Jugendlicher und der Abbrecherquote in der Ausbildungsphase.

[Vorname Name, Ort aller Antragstellenden]

Name: Manuel Berg

Adresse: xxx

Staatszugehörigkeit: xxx

Geburtsdatum: xxx

Tel.: xxx

Email: xxx

Beschreibung des Vorhabens

1   Stand der Forschung und eigene Vorarbeiten

Es liegen noch nicht viele Informationen zu meinem Vorhaben vor. Was man jedoch sagen kann ist, dass durch abgebrochene Ausbildungen (sowohl schulisch wie auch betrieblich) nicht nur ein volkswirtschaftlicher Schaden entsteht und dies für die Gesellschaft hohe Kosten bedeutet, sondern erst einmal der Schaden am Menschen gesehen werden muss. Welche Schicksale sich dahinter verbergen und wie junge Menschen von scheinbar harmlosen Drogen körperlich und psychisch Schaden nehmen. Dies ist insbesondere in Relation zur aktuellen politischen Diskussion um eine Cannabislegalisierung zu setzen. Studien zeigen einheitlich, dass dem Drogenmissbrauch und auch der Abhängigkeit früher Tabak- und Alkoholkonsum vorangehen. Damit einher geht auch ein Rückgang der Cannabiskonsumenten, welcher dem Rückgang des Zigarettenrauchens zu verdanken ist, so schreibt es Sabine Bätzing, Drogenbeauftragte der Bundesregierung in 2008. Die Situation des Drogenkonsums in Deutschland lässt sich wie folgt darstellen: Während 33,9 % aller Deutschen rauchen, sind es bei den 12 – 17 Jährigen 18 %. Alkohol werden von 9,5 Mio Deutschen in riskanter Weise konsumiert. Alkoholprobleme gelten in den Ausbildungen als häufigster Faktor für Fehlzeiten, Leistungseinbußen und Arbeitsunfällen. Bei 14 – 24 Jährigen liegt der Alkoholkonsum im Missbrauch bei einer Häufigkeit von 10 %. Entgegen dem Alkohol- oder Drogenmissbrauch verlaufen Symptome hier eher leise und unauffällig. 5 % aller Arzneimittel besitzen ein Suchtpotential. Viele Mittel werden gar nur zur Bekämpfung von Suchterscheinungen verschrieben, darunter Schlafmittel und Tranquilizer. Auch Dopingzwecke stecken oft dahinter. Auch, so schreibt Sabine Bätzing, wenn Cannabiskonsum oft nur einen einmaligen und seltenen Konsum bedeutet, und der Konsum bald oder sofort vollständig eingestellt wird, so sind die Gründe für eine Abhängigkeit doch vielfältig.[1] Vorab fragen wir uns erst einmal, was die Gründe für Drogenkonsum sein können. Die biologisch-anthropologische Drogenforschung geht davon aus, dass jeder Mensch ein natürliches Rauschbedürfnis besitzt. Besonders bei Jugendlichen stehen dabei oft der Wunsch nach Veränderung von Antrieb und Stimmung, die Steigerung der Erlebnisfähigkeit und des Erfahrungshorizontes im Vordergrund und ist auch entwicklungsbedingt. Studien der BzfgA und des BIBB führen vor, dass Drogenkonsum unter Jugendlichen in der Ausbildung ernstzunehmend häufig vorkommt. Dabei sei der eigentliche Zusammenhang von Ausbildungsproblemen und Drogenkonsum gar nicht oder kaum erforscht worden.[2] Bei Auszubildenden im Handwerk ergab eine Untersuchung, dass die Ausbildung durch gesundheitliche Beeinträchtigungen, Drogenkonsum, Schulden und sozial belastete Lebenslagen determiniert wird. Ein zu hoher Leistungsdruck und Zukunftsängste münden dann nicht selten in unkontrolliertem Drogenkonsum als Bewältigungsstrategie.

Besonders das Jugendalter ist davon geprägt, Grenzen zu erfahren und Neues auszuprobieren. Man ist kein Kind, jedoch auch nicht erwachsen. Die Umwelt und eigene Gefühle werden oft als ambivalent empfunden. Das Füllhorn aus Überforderungen durch gesellschaftliche Erwartungen und Integrationszwang läuft über. Besonders heute werden Übergänge von Schule oder Ausbildung in den Beruf unscharf und erfordern eine individuelle Entscheidung. Der Leistungsdruck nimmt stetig zu und der Jugendliche ist zerrissen zwischen Selbst- und Fremdbestimmung. Shell Jugendstudien zeigen diesbezüglich auf, dass Jugendliche bereits vor Eintritt in das Berufsleben Angst vor Arbeitslosigkeit aufweisen. Der Beweggrund zu den Drogen kann wie bereits angeschnitten, vielfältig sein. Nach einer Untersuchung von Bettina Schmidt und Klaus Hurrelmann (2000) beginnen Kinder bereits bei 10 bis 13 Jahren mit Tabak- und Alkoholkonsum. Der Konsum weiterer Drogen durch diesen frühen Eintritt bestätigt sich auch hier. Das Experimentieren mit Drogen stellt aber gerade für Jugendliche in dieser verletzlichen Phase größtmögliche Schädigungspotentiale für Körper, Geist und Seele und das soziale Umfeld dar. Drogenkonsum kann daneben ein Versuch sein, sein Leben so wie es ist und beeinflusst wird, bewältigen zu wollen. Die Suchtspirale fängt genau hier an. Weitere Hintergründe können sein: gestörte Anerkennung in der Familie, Konflikte mit Eltern und der Schule, Kontaktprobleme in der peer group und zum anderen Geschlecht. Die Gefahr des Abgleitens in riskante Konsumgewohnheiten und die Entwicklung missbräuchlicher Verhaltensmuster münden dann nicht selten in unkontrollierbarer Abhängigkeit.[3] Eine Untersuchung des Gesundheitsamtes in Düsseldorf aus 2001 bescheinigt, Cannabis ist die häufigste Droge in den Klassen 8 bis 10. Danach folgen Tabak und Alkohol. Ein deutlicher Anstieg ist dabei von der achten zur zehnten Klasse zu verzeichnen. Rund ein Drittel wird dabei vom Probierer zum Gebraucher. Die

---

1 Vgl.
   http://www.bsafb.de/fileadmin/downloads/pa12_7_2008/pa12_drogenmissbrauch_bei_jugendlichen.pdf.
2 Vgl. http://www.drogenhilfe.eu/cms/images/05_Downloads/2014_09_Rahmenkonzept_Drogenhilfe.pdf.
3 Vgl .ebd.

Düsseldorfer Drogenhilfe e.V. attestiert: 37 % der Klientel sind Jugendliche und junge Erwachsene bis 25 Jahre. 55 % begannen vor dem 18. Lebensjahr damit, Drogen zu konsumieren. Erst paarweises Auftreten von Symptomen der Sucht am Arbeitsplatz weisen auf das Krankheitsbild hin. Viele Hilfen für Suchtkranke setzen auf das Freiwilligkeitsprinzip. Untersuchungen zeigen jedoch, dass Jugendliche sich zumeist nicht als suchtgefährdet oder gar abhängig bezeichnen. Somit tut sich hier ein großer Graben auf zwischen Hilfeannahme und Hilfegewährung.[4] Die Drogenaffinitätsstudie in der BRD aus 2008 erkennt einen stetigen Zuwachs an Jugendlichen mit Drogenerfahrung seit den 1980ern bis zum Jahr 2004. Dieser Trend ist nun rückläufig. Bei Jugendlichen zwischen 12 und 17 Jahren im Zeitraum 2004 bis 2008 geht der Anteil mit Drogenerfahrung erstmals seit 20 Jahren zurück. Dies ist im Wesentlichen auf den zurückgehenden Konsum von Cannabis rückführbar, wiederum beeinflusst durch eine niedrigere Raucherquote. Die Zahl der Jugendlichen, die illegale Drogen konsumiert, ist hingegen stabil seit 2001. Auch ist die Bereitschaft, Drogen auszuprobieren, deutlich gesunken. Eine Bestands-aufnahme aus Beratungseinrichtungen macht zudem deutlich, dass Jugendhilfe, Drogenhilfe und Kliniken kaum mehr die Jugendlichen erreichen können. Es zeigt sich auch, eine Verfestigung der Drogenkarriere entwickelt sich sehr schnell. Es wird geschätzt, dass 5 % aller unter 18 Jährigen zur Risikogruppe zählen. Der Gesundheitsbericht des Düsseldorfer Gesundheitsamtes konkretisiert, dass in den letzten Jahren besonders Modedrogen wie Amphetamin und Ecstasy beliebt sind. Heroin verliere dahingegen an Bedeutung, Cannabis bleibt die beliebteste Droge. Heroinkonsum erzeugt jedoch weiterhin den größten Behandlungsbedarf. Nach dieser Umfrage gaben 17 % der Achtklässler und 34 % der Zehntklässler an, Hasch oder Marihuana geraucht zu haben. Davon gaben 28 % bzw. 32 % der Jungen und 38 % bzw. 25 % der Mädchen an, mehr als 10 mal Hasch geraucht zu haben. Ecstasy wurde demnach in der 8. Klasse in 2 % der Fälle und der 10. in 3 % der Fälle probiert. Kokainerfahrungen liegen hier bei 2 bis 3 Prozent vor. 1 % der Jugendlichen gab Heroinkonsum zu. Der Konsum aller illegalen Drogen ist in der 10. Klasse weiter verbreitet, vermutet wird, dass der Konsum in höheren Klassen weiter zunimmt. Der Konsum der Jungen ist gegenüber den Mädchen meist höher angesiedelt.

Eine explorative Studie aus 2005 „Alkohol und Drogenkonsum bei Auszubildenden und jungen Berufstätigen" ging der Frage nach, ob der Konsum legaler und illegaler Drogen im Betrieb ein wichtiges Thema sei, ob der Konsum sichtlich hervortritt, und ob es gegebenenfalls legitim sei, dem Drogenkonsum junger Menschen in der Ausbildung mehr Aufmerksamkeit beizumessen. Diese Fragen konnten durch Onlinebefragung eindeutig mit „Ja" beantwortet werden. In den Interviews und der Befragung bestätigten 64 von 76 Experten, dass Drogen ein wichtiges Thema in der betrieblichen Ausbildung sei, und dass Drogenkonsum bei Jugendlichen im Betrieb vorkomme (52 von 60). Der Alkohol- und Drogenkonsum werde von den Befragten mehrheitlich als mittleres bis großes Problem klassifiziert. Die Frage nach der Häufigkeit des Konsums schätzte die

---

4 Vgl. ebd.

größte Gruppe (18 von 58) wie folgt ein: Mehr als 10 % der jungen Männer konsumiere regelmäßig Alkohol. Die Schätzungen gehen aber bis zu 70 %. 15 Befragte schätzen 10 % der Jugendlichen als Dauertrinker ein. Elf schätzen auf 5 % und 14 Antworter reden von Ausnahmen. Zu den illegalen Drogen äußerte man sich wie folgt: Regelmäßig würden nur sogenannte Ausnahmen konsumieren (18 Experten). 14 Antworten fallen auf 5 % der Jugendlichen, bei ihnen werde dauerhafter Konsum vermutet. 10 der Befragten schätzen den Anteil auf 10 % und 8 Befragte schätzen diesen Anteil auf bis zu 50 % ein. Die Studie brachte auch hervor, dass seitens der Ausbilder mehr Aufklärung, Fortbildung, Seminare etc. gewünscht werden, um besser auf die Jugendlichen eingehen und Erstanzeichen erkennen zu können. Auch mit dabei: Umgang mit Sanktionen, Verbote, konsequentes Verhalten der Vorgesetzten. Es wird konstatiert, dass wohl eine Menge Zahlenwerk zu Ausbildungsabbrüchen und Drogenkonsum vorlägen, diese aber so gut wie nichts aussagten. Der wirkliche Zusammenhang zwischen diesen beiden Größen komme in keiner Studie wirklich hervor. Die vorgelegten Zahlen sind in der Tat alarmierend, der häufige Drogenkonsum einerseits und hohe Abbruchquoten andererseits sprechen für eine mögliche Affinität, die kaum zu leugnen ist. Es können aber auch andere gesundheitliche oder gesellschaftliche Indikatoren verantwortlich sein.[5] Neuere Untersuchungen der Alice Salomon Hochschule Berlin, die im Mixed-Methods-Design konzipiert wurde, die Meinungen und Haltungen aus Interviews und einer schriftlichen Befragung anhand der Methode des semantischen Differentials bildete. Die Endstichprobe von 413 Personen (310 Personen in öffentlichen Einrichtungen, 103 Personen in suchtspezifischen Einrichtungen der sozialen Arbeit) ermöglichte den Vergleich unterschiedlicher Konsumentengruppen. Folglich konnten durch unterschiedliche Konsummuster dann systematisch unterschiedliche Einstellungen und Konsummotive ausgemacht werden. Durch hohe Abweichungen der unteren Alterskohorten und des Geschlechts der Grundgesamtheit wurden für die Analysen Gewichtungsfaktoren hinzugezogen, damit die disproportionale Verteilung des Alters und des Geschlechts in der Berliner Studie zur Gesamtbevölkerung ausgeglichen werden konnte. Für die möglichst genaue Abbildung eines gesellschaftlichen Durchschnitts wurden zur Auswertung der Prävalenzen nur die Ergebnisse der 310 Befragten außerhalb berücksichtigt. Insgesamt liegen die Prävalenzen immer noch deutlich höher als in anderen repräsentativen Studien. Der Grund hierin kann in der probabilistischen Stichprobe liegen. Ebenso kann das Befragungssetting (anonym und offen vs. Mithören bei Befragung am Telefon) für Varianzen in den Ergebnissen gesorgt haben. Die Kernergebnisse zeigen sich wie folgt: Jeder 8. Jugendliche weist Merkmale eines problematischen Suchtmittelkonsums auf. Zwischen 18 und 20 Jahren ist der Konsum am höchsten. Bei den problematisch konsumierenden dominiert der Cannabiskonsum, besonders bei Studierenden sind die Prävalenzen besonders hoch. Jede/r 5. konsumiert mehrfach pro Woche. BerufsschülerInnen und Auszubildende zeigen ähnlich hohe Werte. Steigender Cannabiskonsum geht auch mit

---

5 Vgl. ebd.

problematischen Konsumgelegenheiten (zu Hause, vor/während/nach der Schule oder Ausbildung) einher. Als besonderes Merkmal des Konsums wurde von den unter 18 Jährigen das „Dazugehören" bzw. der „Gruppenzwang" genannt. Es wird gegenüber den Älteren fast doppelt so oft genannt. Dabei steht der Grad des Cannabiskonsums in Relation zum Konsum anderer Substanzen. Besonders zeigt dies auch der Genuss von Zigaretten und der Korrelation zu anderen Substanzen. Religionsangehörige weisen eine geringere Lebenszeitprävalenz auf und auch die Konsumintensität erwies sich als weniger stark (51 % und 74 %). Delikat und besonders auch zur anfänglich gemachten Bemerkung bezüglich der komplizierten Arbeitswirklichkeit, so äußerte sich jeder 2. Befragte, er fühle sich durch die Leistungsorientierung in der Gesellschaft stark unter Druck gesetzt. Weiterhin geben 56 % an, durch schulische Pflichten und Anforderungen durch die Eltern überfordert zu sein. In Bezug zur Werteorientierung äußerten sich alle einstimmig insofern, als dass sie politischen Werten einen unwichtigen Wert zumessen, sie stehen den egoistischen und hedonistischen signifikant nach. Für Cannabiskonsumenten haben leistungsorientierte Werte signifikant weniger Bedeutung als für Nicht-Konsumierende, wohl interesesieren sie politische/altruistische Werte mehr. Ständig Konsumierende ordnen sich eher risikofreudig, tolerant, unbekümmert und interessiert ein. Nicht-Konsumierende zeigen sich eher konsumkritisch, also: intolerant, willensstark, vorsichtig, konsequent, unabhängig, abgeneigt und misstrauisch. Beim Wissen um die Droge fühlen sich beide Seiten gut informiert. Letztlich kann Cannabiskonsumenten der Konsum als legalerscheinend zugeschrieben werden, Nicht-Konsumenten sehen den Konsum eindeutig illegal. Zudem lässt sich sagen: Psychoaktive Substanzen werden zur Leistungssteigerung eingenommen, als Reaktion auf den erhöhten Leistungsdruck und alltäglicher Probleme. Aus der JDH Studie lässt sich resümieren, dass eine reine Wissensvermittlung durch Informationen keine Besserung bewirkt. Stattdessen müsse auf die Selbstkräfte der Klienten gesetzt und dessen Selbstreflexion angeregt werden. Es scheint offenbar außerdem auch eine Wissenslücke um die Droge Cannabis und dessen Illegalität vorzuliegen, oder sogar Wahrnehmungsverzerrungen. Auch beurteilen die Konsumenten die Wirkung deutlich positiver als Nichtkonsumenten. Beide Seiten schätzen Cannabis eher kontaktfördernd ein, was bei Cannabiskonsumenten auf eine Cliquenbildung verweisen könnte. Leider entspricht diese Einschätzung nicht der realen Wirkung von Cannabis, die eher als ein „in-sich-gekehrt-sein" bewirkt. Was möchte diese Arbeit angesichts dieser bereits gewonnen Erkenntnisse erforschen? Aufgrund der sehr raren Datenlage über den Zusammenhang zwischen Drogenkonsum und Abbruchquote in der Ausbildung finde ich es vor dem Hintergrund vieler Drogenkarrieren im Jugendalter als die Pflicht der Gesellschaft und damit auch der pädagogischen Disziplin, diesem Phänomen näher auf die Spur zu kommen, um so Schaden von Jugendlichen besser abwenden zu können, sprich aus den gewonnen Daten Präventions- und Handlungskonzepte zu entwerfen. Wie man herauslesen kann, sind die Gründe für Drogenkonsum äußerst vielfältig. Nach meiner Ansicht sind Untersuchungen, ob und wann und wie häufig Jugendliche Drogen konsumieren wissenschaftliche Irrläufer. Es hilft zwar zu lesen, wie hoch der Konsum ungefähr ist, aber weiter bringt uns das nicht. Es kommt hier auf das Warum an. Und genau dies wurde nach meiner Ansicht nicht zufriedenstellend beantwortet und in Handlungskonzepte verbaut. Mir geht es vorrangig um die Einstellungen der Jugendlichen und ihre Konsummotive. Zukunftsängste und gesellschaftlicher Druck erscheinen mir als zu stark konstruiert, ich meine, hier ist wissenschaftlich tiefer zu graben, damit präventiv und nachbegleitend effektiver interveniert werden kann.[6]

1.1 Projektbezogene Publikationen

-entfällt-

1.1.1 Veröffentlichte Arbeiten aus Publikationsorganen mit wissenschaftlicher Qualitätssicherung, Buchveröffentlichungen sowie bereits zur Veröffentlichung angenommene, aber noch nicht veröffentlichte Arbeiten

-entfällt-

1.1.2 Andere Veröffentlichungen

-entfällt-

1.1.3 Patente

1.1.3.1 Angemeldet

-entfällt-

1.1.3.2 Erteilt

-entfällt-

2 Ziele und Arbeitsprogramm

2.1 Voraussichtliche Gesamtdauer des Projekts

Die Dauer des Projektes möchte ich auf zwei Jahre festlegen.

2.2 Ziele

Primär möchte ich durch die gewonnen Daten Schaden von Jugendlichen fernhalten bzw. abmildern. Insgesamt erhoffe ich mir durch mein Vorhaben, den Zusammenhang zwischen Drogenkonsum Jugendlicher und der Abbruchquote in der Ausbildung durch eine Identifikation neuer Gründe und Faktoren besser verstehen und erklären zu können. Durch die gewonnen Daten sollen die Präventionsarbeit und die Begleitung Jugendlicher in akuten Fällen verbessert werden. Ich möchte vor allem Aufklärungsarbeit leisten und effektivere Methoden zur Intervention entwickeln. Dazu ist es unumgänglich, sich auch mit den spezifischen Wirkungen der Drogen eingehender zu beschäftigen.

---

6 Vgl. http://www.praevention-na-klar.de/upload/pdf/140625_JDH_Zusammenfassung_FINAL_web.pdf.

2.3   Arbeitsprogramm inkl. vorgesehener Untersuchungsmethoden

Angesichts dessen, dass die Abbruchquote aller Ausbildungen in Deutschland aktuell 20 % beträgt und dabei seit Jahren konstant auf hohem Niveau steht, also bisherige Untersuchungen und darauf basierende Programme nicht wirken, erscheint mir eine Untersuchung diesbezüglich aufgrund der hohen päd. Relevanz unumgänglich. Schließlich hat es die Gesellschaft über Jahrzehnte nicht geschafft, Jugendliche zu unterstützen und aufzufangen. Offenbar hat bisherige Aufklärungsarbeit nicht gefruchtet. Viele haben sich vermutlich schon aufgegeben, ihnen wurde nicht geholfen. Die Zahl spiegelt nicht nur echte Abbrüche wieder, sondern auch Wechsler, jedoch dürfte diese Zahl relativ gering ausfallen. Viele Jugendliche fallen jedoch längerfristig oder komplett aus dem Ausbildungssystem heraus. Hierdurch wird der weitere Lebensweg entscheidend vorgezeichnet. Da wie schon angesprochen, die Beweggründe sehr differenziert sind, verweist Oehme (2002: 18ff) nochmals gezielt auf private, soziale, und betriebliche (schulische) Ursachen. Drogenbedingte Abbrüche werden nach Einschätzung verschiedener Fachvertreter nicht nur als relativ häufig eingestuft, sondern auch wegen der psychosozialen Folgen als mittel- bis schwerwiegend bewertet und erfordern dringlichst entsprechende soziale Handlungen (Degen 2005: 35).[7] Es sei nochmals explizit darauf hingewiesen, dass ein Fünftel aller befragten Jugendlichen riskante Konsummuster aufweisen, welches direkte Auswirkungen auf ihre psycho-soziale Entwicklung nehmen. 20,4 % hatten in den letzten 30 Tagen „Binge-Drinking", also Rauschtrinken bis hin zur Alkoholvergiftung. BzgA 2008: 5f). Cannabis war und ist die am zweithäufigsten genutzte Droge.

Mit kurzem Rückgriff auf das theoretische Modell zur Suchtentstehung möchte ich sodann meinen Ansetzungspunkt darstellen. Die Einnahme von Drogen wird als multifaktorelles Geschehen gesehen, im Modell: Droge-Person-Umwelt. Drogen bewirken die Ausschüttung des Neurotransmitters Dopamin und damit eine positive Gefühlslage. Stress, Langeweile und Entzug werden damit kurzfristig bekämpft. Eine Wechselwirkung passiert durch biographische, genetische und psychologische Konstitutionen einer Person. Letztlich beeinflusst auch die soziale Determinante, sprich aktuelle Lebensbedingungen und damit auch Risiko- und Schutzfaktoren, den Konsumenten. Konsumverhalten wird auch familiär und im Freundeskreis geprägt. Oft einher geht damit ein Gefühl der Zugehörigkeit. Zudem stellen Drogen oft ein Mittel dar, um Anforderungen der Umwelt für die eigene Befindlichkeit erträglich zu gestalten.[8]

Dieser kleine Vorlauf war notwendig, um mein Arbeitsprogramm schlüssig vorlegen zu können. Ich möchte aufgrund der Sensibilität des Themas und der oft desaströsen psychischen Befindlichkeit der Betroffenen mittels des ero-epischen Gesprächs (qualitative Methode nach Girtler) eine lockere, vertraute und persönliche Gesprächsebene erreichen. Diese ist vor allem dadurch gekennzeichnet, dass ich nicht einen expliziten Fragenkatalog durchackere, sondern improvisierte

---

7   Vgl. http://www.wi.hs-wismar.de/documents/wismarer_diskussionspapiere/2011/1108_HoenleBojack.pdf.
8   Vgl. ebd.

Fragen stelle, mich sozusagen an gewissen Punkten auch einhake und auch von meinen persönlichen Erlebnissen erzähle, besonders zu Gesprächsbeginn.[9] Ich möchte versuchen, mich so zu geben wie ich bin, und dem Gegenüber Vertrauen zusagen und vermitteln und ihn zum freien Sprechen anregen.[10] Das Gespräch lebt sozusagen von Authentizität.

Zunächst ist es wichtig, das Interesse des Informanten zu wecken. Der Forscher erklärt sein Anliegen und seine Arbeitsweise, sodass über den Themenzusammenhang der Informant selbständig zu erzählen beginnt. Der Forscher ist hier nur Lernender, der durch den Informanten freiwillig über eine fremde Welt aufgeklärt wird.[11] Suggestivfragen sind ausdrücklich erlaubt. Dies kann unter Umständen zu tendziösen Forschungsergebnissen führen, es muss jedoch nicht angewendet werden. Girtler ersieht diese Art der Befragung als aufschlussreich, da es das Gespräch in ganz andere Bahnen lenken und zudem unerwartete Informationen liefern kann. Antworten dürfen in keinem Fall erzwungen werden, denn dies widerspricht dem Prinzip der Gleichheit.[12] Dies ist überaus bedeutsam und zeigt an, dass der Partner auf gleicher Höhe mit mir gestellt wird und sich nach meinem Verständnis auch befindet, da er über Erfahrungen verfügt, die ich nicht habe und damit den wertvollsten Beitrag zu diesem Vorhaben leistet.

Die zweite Erhebungsmethode stellt die qualitative Dokumentenanalyse dar. Ich möchte aus den klinischen Einrichtungen, und dies auch mit vorher eingeholter rechtlicher Erlaubnis, Patientenakten einsehen und auswerten. Hierzu zählt Material aller erdenklicher Art, Fotos, Bild – und Tonmaterial, vor allem aber klinische Patientenakten und auch Gutachten. Es können auch Tagebücher, Zeugnisse etc. herangezogen werden. Ich finde diesen Weg vielversprechender, als die üblichen Vorgehensweisen, denn die Frage nach dem Warum liegt hier sozusagen fast schon auf dem Silbertablett serviert. Das erschlossene Material ist ferner auf innere Merkmale zu prüfen (schriftliche Quellen) und dessen Aussagekraft (Gegenstände). Wichtig dabei ist, dass die ausgewählten Dokumente Schlüsse auf menschliches Denken, Fühlen und Handeln zulassen, sie müssen also interpretierbar sein. Eine genaue Definition des Ausgangsmaterials in Bezug zur Forschungsleitfrage ist unabdingbar, weil dabei der Aussagewert explizit beurteilt wird. Bei der Auswertung wird nicht nach Häufigkeiten „gefahndet", sondern nach qualitativen Elementen gesucht, nach interpretativem Paradigma. So gesehen gibt es keine festen Leitkriterien zur Filterung von Daten, sondern die Materialien werden in Anlehnung an sozialwissenschaftlich-hermeneutische Paraphrase interpretativ und hermeneutisch gedeutet. Vorteile liegen diesbezüglich in einer unproblematischen, weil durch geringen Aufwand zu erledigende Dokumentendurchsicht. Sie spart Geld und Aufwand, da nicht erst Daten erhoben werden müssen. Es kommt vor allem auf das Verstehen des Sinns der Dokumente und damit der Frage nach dem

---

9 Vgl. Girtler, Roland (2001). Methoden der Feldforschung. Wien-Köln-Weimar: Böhlau Verlag 152.
10 Vgl. http://www.univie.ac.at/ksa/elearning/cp/qualitative/qualitative-42.html.
11 Vgl.
    http://www.liebenzell.org/fileadmin/user_upload/seminar/downloads/Notizen_Empirische_Forschung_Inter
    view.pdf.
12 Vgl. Girtler, Roland (2001). Methoden der Feldforschung. Wien-Köln-Weimar: Böhlau Verlag 147.

Warum an. Vorteilig ist außerdem die Möglichkeit, Gesagtes durch die Dokumente zu ergänzen, bzw. kann auch nur fallspezifisch das Dokument herangezogen werden und stellt sich somit als sehr objektive Methode dar.[13] Der Grund hierin liegt klar auf der Hand. Durch die Vermeidung von direktem Kontakt mit dem Forschungsgegenstand, sind Vorurteile und Annahmen minimalst gegeben. Eine Beeinflussung und Veränderung des zu Messenden durch den Messvorgang wird praktisch unmöglich (Reaktivität).[14] Nachteilig wäre demhingegen, dass der Untersuchungsgegenstand nicht weiter befragt werden kann, Informationslücken können auftreten und Diagnosen können falsch gestellt worden sein. Fragwürdige Dokumente würden meinerseits zu hundert Prozent verworfen werden. Da nach meiner Ansicht die Vorteile dieser kombinierten Methode überwiegen, so möchte ich fortgreifend die weiteren Arbeitsschritte darlegen:

Zugang zum Forschungsfeld und Auswahl der Fälle

Ich möchte 10 Jugendliche in Sozialtherapeutischen Langzeiteinrichtungen (Auswahl per Zufall) für Suchtkranke aufsuchen und mir vor jedem Gespräch von den Erziehungsberechtigten und vor allem auch von den Klienten selbst eine rechtliche Genehmigung mit Unterschrift einholen. Freiwilligkeit ist hier das oberste Gebot. Ein kurzes informatives Vorgespräch mit dem entsprechenden Arzt ist unerlässlich. Ohne dies wäre meine Arbeit nicht möglich. Es müssen nicht nur zwingend Jugendliche sein, denkbar sind auch junge Erwachsene, die über ihre Zeit als Jugendliche und ihre Ausbildung berichten können. Wichtig aber ist: Alle Informanten müssen aufgrund von Drogenkonsum und der sich hieraus ergebenden Schwierigkeiten ihre Ausbildung abgebrochen haben. Weiter ist zu klären, ob das Gespräch mit einem modernen digitalen Tonaufnahmegerät aufgezeichnet und für die Forschung verwendet werden darf. Gesprächsnotizen ergänzen die Aufnahme und können Gefühle und andere Notizen enthalten, die dem Forscher wichtig erscheinen. Es ist kaum zu verhindern, dass das Gerät die Gesprächssituation hemmt, jedoch kann dies durch geschickte und lockere Gesprächsführung schnell zur Vergessenheit führen. Wichtig ist zu alle dem, dass ich einen Hinweis auf völlige Anonymität gebe.

Dadurch, dass die Dokumentenanalyse im Idealfall mehr oder minder an die Gespräche gekoppelt ist, ergibt sich für die Einsicht der Dokumente eine Erbetung meinerseits um die Freigabe dieser durch die Informanten und die Klinikleitung. Prekär kann es unter Umständen werden, wenn eine Herausgabe aufgrund interner Geheimnisse oder Missstände verhindert wird. Da die Dokumentenanalyse aber auch als eigenständige Methode von mir verwendet wird, muss ihr nicht zwingend auch ein Gespräch anliegen. Damit ergibt sich für die Anzahl der zu untersuchenden Patientenakten eine Zahl zwischen 10 und 15 Stück.

---

13 Vgl. http://qsf.e-learning.imb-uni-augsburg.de/node/528.
14 Vgl. Mayrhofer, Wolfgang, Nonreaktive Methoden 11.

Verlauf des Gesprächs

Das Gespräch beginnt im Idealfall mit einer Vorstellung meinerseits und meines Vorhabens, auch erzähle ich über mich ein wenig. Ich versuche dann das Gespräch in die richtige Richtung zu lenken und hoffe, dass der Informant mir selbständig mehr über das Thema und über sich erzählt. Sollte das Gespräch mal „haken" oder der Gegenüber schweigt, so kann ich durch „Grand-Tour Questions" oder „Mini-Tour Questions" versuchen, das Gespräch „am Leben" zu erhalten. Verständnisfragen oder Nachfragen dienen im Weiteren dazu, Gesagtes zurückzuspiegeln und dienen dem Verständnis. Ein Nachfragen dient auch dazu, gewisse Themen tiefer zu erforschen und um in neue Richtungen vorzustoßen.[15] Zu meinem Unterfangen gehört viel Feingefühl und Geduld, gerade aufgrund der prekären Situation der Informanten. Alle Fragen, die das Gespräch betreffen, werden improvisiert gestellt. Das heißt, es wird nichts vorbereitet. Der Grund hierin liegt in der Unerfahrenheit des Forschers für die Erfahrungs- und Lebenswelt des Informanten, gleichzeitig werden Antworten so nicht in die Frage hineingelegt. Es gilt, sich langsam heranzutasten und einfach nur zu verstehen. Bescheidenheit bildet die höchste Kompetenz des Feldforschers. Dies gilt es, sich immer wieder aufs Neue zu vergegenwärtigen. Dazu gehört auch ein „Sich-Leiten-Lassen" vom Gegenüber, denn ich will etwas von ihm lernen, bzw. erfahren. Zum Abschluss des Gespräches möchte ich mich von meinem Gesprächspartner als „Mensch" verabschieden und nicht als reinem Informationsgeber.[16]

Aufbereitung und Auswertung der Daten

Die aufgelaufenen Gesprächsnotizen werden nach Gesprächspartner und mit den zugehörigen Akten systemisch abgelegt. Die auf dem Tonaufnahmegerät aufgezeichneten Daten werden von mir durch die Audio-Transkriptions-Software F4 transkribiert. Die Gespräche werden wortgetreu eigenhändig abgeschrieben. Dadurch kann die Gesprächssituation nochmals vergegenwärtigt und es kann darüber resümiert werden. Durch die Co-Aufnahme von Audio und Wörtern ergibt sich die positive Situation, dass Zusammenhänge festgehalten und rekonstruiert werden können. Durch das Festhalten von Stichwörtern beabsichtige ich, mein weiteres Vorgehen und die Studie als Ganze zu gliedern. Die weitere Auswertung strukturiert sich dahingehend, dass ich zentrale Stichworte/Themen/Schwerpunkte aus den Gesprächen sortiere und einander zuordne. Ich versuche einen Überblick über alle Daten zu erlangen. Dies dient vor allem dazu, Verbindungen zu den einzelnen Themen zu generieren.[17]

Vorläufiger Zeitplan für die ersten beiden Förderjahre

---

15 Vgl.
   http://www.liebenzell.org/fileadmin/user_upload/seminar/downloads/Notizen_Empirische_Forschung_Inter view.pdf.
16 Vgl. ebd.
17 Vgl.
   http://www.liebenzell.org/fileadmin/user_upload/seminar/downloads/Notizen_Empirische_Forschung_Inter view.pdf.

06/2015 – 10/2015	Erstellung der wissenschaftlichen Arbeit über Drogen und ihre Wirkungen auf den menschlichen Körper (spez. Jugendliche). Besorgung der technischen Ausstattung. Erschließung erster Kliniken und Vorgespräche mit Ärzten über mögliche Informanten. Auswählen der Informanten und Einholen der Einverständnisse. Sichtung der ersten Dokumente ohne Analyse.
11/2015 – 06/2016	Terminerschließung für die Gespräche. Durchführung der 10 Gespräche (nach Girtler) Transkribieren der 10 Gespräche. Aufbereitung der Gesprächsdaten.
7/2016 – 12/2016	Auswahl der Dokumente. Suche nach qualitativen Merkmalen, nach interpretativem Paradigma. Bildung von Kategorien und Themenpunkte bezüglich der Forschungsleitfrage. Identifizieren von Bedeutungszusammenhängen.
01/2017 – 06/2017	Endauswertung des Forschungsprojektes und Verfassen des Forschungsberichts mittels hermeneutischer Deutung.

2.4 Weitere Angaben

Hier ist Raum für weitere Angaben soweit sie nicht in den anderen Punkten aufgeführt werden konnten, aber aus Sicht der Antragstellerin bzw. des Antragstellers für diesen Antrag wichtig sind.

Ich möchte vor allen anderen Arbeiten, die dieses Projekt betreffen, zunächst damit beginnen, eine wissenschaftliche Arbeit über die Wirkung von Modedrogen auf den menschlichen Organismus (im Speziellen in der Jugendphase) zu erstellen. Dies soll mein Vorverständnis über Drogen erweitern, Vorurteile bzw. falsche Annahmen abbauen und generell dazu beitragen, die Informanten besser zu verstehen, um dann in einem weiteren erkenntnistheoretischen Schritt diese Informationen für die Studie zu verwenden. Der Titel der Arbeit steht noch nicht genau fest, sie soll ca. 20 Seiten umfassen

<u>Der Umgang mit den Forschungsdaten</u>

Der Umgang mit den Forschungsdaten soll wie folgt geschehen: Ich beabsichtige eine Veröffentlichung über BOD, dies bedeutet, dass keine Publikationskosten entstehen. Der Forschungsbericht wird dann als elektronische Variante kostenlos herunterladbar sein. Eine Buchdruckvariante kann bei Bedarf über den Grin Verlag ebenfalls, jedoch dann aufgrund der anfallenden Kosten, kostenpflichtig geordert werden. Die kostenlose Variante (ebook) biete ich an, weil ich damit die Ergebnisse jedem Menschen kostenlos zur Verfügung stellen möchte. Ich erhoffe mir dadurch ebenso, dass mein Ansatz fortführend bearbeitet wird und Ergebnisse zur Aufklärung der Gesellschaft genutzt werden. Ich wünsche mir, dass meine Arbeit im Weiteren zur Präventions- und Interventionsarbeit beiträgt.

2.5 Erläuterungen zu den vorgesehenen Untersuchungen bei Versuchen an Menschen oder an vom Menschen entnommenem Material oder Tieren

-entfällt-

2.6 Erläuterungen zur inhaltlichen und finanziellen Projektbeteiligung von Kooperationspartnern im Ausland

-entfällt-

3 Literaturverzeichnis

http://www.wi.hs-wismar.de/documents/wismarer_diskussionspapiere/2011/1108_HoenleBojack.pdf

http://www.bsafb.de/fileadmin/downloads/pa12_7_2008/pa12_drogenmissbrauch_bei_jugendlichen.pdf

http://www.drogenhilfe.eu/cms/images/05_Downloads/2014_09_Rahmenkonzept_Drogenhilfe.pdf

http://www.praevention-na-klar.de/upload/pdf/140625_JDH_Zusammenfassung_FINAL_web.pdf

http://www.univie.ac.at/ksa/elearning/cp/qualitative/qualitative-42.html

http://www.liebenzell.org/fileadmin/user_upload/seminar/downloads/Notizen_Empirische_Forschung_Interview.pdf

http://qsf.e-learning.imb-uni-augsburg.de/node/528

Girtler, Roland (2001). Methoden der Feldforschung. Wien-Köln-Weimar: Böhlau Verlag

Wolfgang Mayrhofer, Nonreaktive Methoden
Zeitschrift für Personalforschung / German Journal of Research in Human Resource Management
EMPIRISCHE PERSONALFORSCHUNG (1993), pp. 11-32
Published by: Rainer Hampp Verlag

4   Beantragte Module/Mittel

Begründung jeder Position für jede Antragstellerin und jeden Antragsteller, unter Angabe von
Name, Vorname
Gliederung gemäß der Reihenfolge im entsprechenden Programmmerkblatt

Verbrauchsmaterialien
- zwei digitale Audioaufnahmegeräte Philips zu je 70 €, in der Summe: 140 €.
- Transkriptionsprogramm F4 Analyse pro zu 180 €, in der Summe: 180 €.
- 3 Notebooks zu je 500 €, in der Summe: 1500 €.
- 3 handelsübliche Scanner zur Digitalisierung von Dokumenten je 100 €, in der Summe: 300 €.

Reisekosten
- Fahrten zu den Kliniken pro Person 1000 €, in der Summe: 3000€

Darüber hinaus beantrage ich zur Ausstattung der drei Arbeitsplätze eine Overhead Finanzierung von 20 % gemäß der aktuellen Programmkostenpauschale. Sollte die aus irgendeinem Grund abgelehnt werden, so beantrage ich, die einzelnen Posten unter Punkt 4 zu berücksichtigen.

5   Voraussetzungen für die Durchführung des Vorhabens

5.1   Angaben zur Dienststellung

Für jede Antragstellerin und jeden Antragsteller, unter Angabe von Name, Vorname, Dienststellung
(bei befristetem Arbeitsvertrag Angaben zur Laufzeit und ggf. zum Zuwendungsgeber)

Berg M.A., Manuel: Volle wissenschaftliche Stelle als Leiter des Projektes nach TV-L 13, da sonst keine Anstellung besteht.

Mustermann B.A., Manfred: eine halbe wissenschaftliche Mitarbeiterstelle nach TV-L 13.

Zufall B.A., Beate: eine halbe wissenschaftliche Mitarbeiterstelle nach TV-L 13. Die wissenschaftlichen Mitarbeiter assistieren bei dem Kontaktaufbau zu den Kliniken und den Informanten. Sie unterstützen bei der Datenerhebung und -auswertung. Darüber hinaus arbeiten sie am Endbericht mit und besorgen eine Publikation. Auch das Lektorat kommt ihnen zu.

5.2   Angaben zur Erstantragstellung

Nur angeben, falls zutreffend: Name, Vorname der Erstantragstellerin und/oder des

Erstantragstellers

Berg M.A., Manuel

5.3 Zusammensetzung der Projektarbeitsgruppe

Angabe nur der Personen, die im Projekt mitarbeiten, aber nicht aus diesem finanziert werden, mit Name, akademischem Grad, Dienststellung und Art der Finanzierung.

-entfällt-

5.4 Zusammenarbeit mit anderen Wissenschaftlerinnen und Wissenschaftlern

5.4.1 Wissenschaftlerinnen und Wissenschaftler, mit denen für dieses Vorhaben eine konkrete Vereinbarung zur Zusammenarbeit besteht

-entfällt-

5.4.2 Wissenschaftlerinnen und Wissenschaftler, mit denen in den letzten drei Jahren wissenschaftlich zusammengearbeitet wurde

-entfällt-

5.5 Apparative Ausstattung

Angaben zu den für das Projekt zur Verfügung stehenden größeren Geräte (ggf. auch Großrechenanlagen, wenn Rechenleistung benötigt wird).

[Text]

5.6 Projektrelevante Beteiligungen an erwerbswirtschaftlichen Unternehmen

Angaben zum Zusammenhang des Projekts mit dem Produktbereich des Unternehmens.

-entfällt-

6 Ergänzende Erklärungen

Ich erkläre, dass dieser Forschungsantrag von mir an keiner anderen Stelle und nur bei Ihnen und das zum ersten Mal, eingereicht wurde. Sollte ich in Zukunft einen solchen Antrag stellen, so werde ich die DFG unverzüglich darüber informieren.

Unterschrift